¡OPUESTOS

en todos lados!

GRANDE
y pequeño

Un libro de Las Raíces de Crabtree

AMY CULLIFORD
Traducción de Pablo de la Vega

CRABTREE
Publishing Company
www.crabtreebooks.com

Apoyos de la escuela a los hogares para cuidadores y maestros

Este libro ayuda a los niños en su desarrollo al permitirles practicar la lectura. Abajo están algunas preguntas guía para ayudar al lector a fortalecer sus habilidades de comprensión. En rojo hay algunas opciones de respuesta.

Antes de leer:

- ¿De qué pienso que trata este libro?
    - *Este libro es sobre cosas grandes y pequeñas.*
    - *Este libro es sobre opuestos.*
- ¿Qué quiero aprender sobre este tema?
    - *Quiero aprender cómo son las cosas grandes.*
    - *Quiero aprender qué es grande y qué es pequeño.*

Durante la lectura:

- Me pregunto por qué...
    - *Me pregunto por qué algunos árboles son muy grandes.*
    - *Me pregunto por qué los ratones son pequeños.*
- ¿Qué he aprendido hasta ahora?
    - *Aprendí que los elefantes son grandes.*
    - *Aprendí cómo se ven una embarcación chica y una grande.*

Después de leer:

- ¿Qué detalles aprendí de este tema?
    - *Aprendí que los árboles pueden ser de distintos tamaños.*
    - *Aprendí que las embarcaciones pueden ser grandes o pequeñas.*
- Lee el libro una vez más y busca las palabras del vocabulario.
    - *Veo la palabra **árbol** en la página 5 y la palabra **embarcación** en la página 8. Las demás palabras del vocabulario están en la página 14.*

¿Qué es grande y qué es **pequeño**?

Este **árbol**
es grande.

Este árbol
es pequeño.

Esta **embarcación**
es grande.

Esta embarcación
es pequeña.

Un **elefante** es grande.

Un **ratón** es pequeño.

Lista de palabras

Palabras de uso común

es	este	qué
esta	grande	un

Palabras para conocer

árbol **elefante** **embarcación**

pequeño **ratón**

31 palabras

¿Qué es grande y qué es **pequeño**?

Este **árbol** es grande.

Este árbol es pequeño.

Esta **embarcación** es grande.

Esta embarcación es pequeña.

Un **elefante** es grande.

Un **ratón** es pequeño.

Written by: Amy Culliford

Designed by: Rhea Wallace

Series Development: James Earley

Proofreader: Ellen Rodger

Educational Consultant:
Marie Lemke M.Ed.

Translation to Spanish:
Pablo de la Vega

Spanish-language lay-out and
proofread: Base Tres

Print and production coordinator:
Katherine Berti

Photographs:
Shutterstock: Erik Lam: cover; Kanusommer: p. 1;
   Sam Wordley: p. 3, 14; Sergey Berestetsky: p. 4,
   14; Smit: p. 7; Resul Muslu: p. 8, 14; Pierre-Olivier:
   p. 9; Fotogrin: p. 10, 14; Rudmer Zwerver: p. 12, 14

Library and Archives Canada Cataloguing in Publication

Title: Grande y pequeño / Amy Culliford.
Other titles: Big and small. Spanish
Names: Culliford, Amy, 1992- author. | Vega, Pablo de la, translator.
Description: Series statement: ¡Opuestos en todos lados! | Translation
    of: Big and small. | Translation to Spanish: Pablo de la Vega. |
    "Un libro de las raíces de Crabtree". | Text in Spanish.
Identifiers: Canadiana (print) 20210209941 |
    Canadiana (ebook) 2021020995X |
    ISBN 9781427140463 (hardcover) |
    ISBN 9781427140524 (softcover) |
    ISBN 9781427140340 (HTML) |
    ISBN 9781427140401 (EPUB) |
    ISBN 9781427140586 (read-along ebook)
Subjects: LCSH: Size judgment—Juvenile literature. | LCSH: Size
    perception—Juvenile literature. |
    LCSH: Polarity—Juvenile literature. | LCSH: English language—
    Synonyms and antonyms—Juvenile literature.
Classification: LCC BF299.S5 C8518 2022 | DDC j153.7/52—dc23

Library of Congress Cataloging-in-Publication Data

Available at the Library of Congress

Crabtree Publishing Company

www.crabtreebooks.com   1-800-387-7650

Printed in the U.S.A./062021/CG20210401

Published in the United States
Crabtree Publishing
347 Fifth Avenue, Suite 1402-145
New York, NY, 10016

Published in Canada
Crabtree Publishing
616 Welland Ave.
St. Catharines, Ontario L2M 5V6